```
┌─────────────────────────────────────────────┐
│                                             │
│       This Book Belongs To                  │
│                                             │
│                                             │
│   - - - - - - - - - - - - - - - - - - - -   │
│                                             │
└─────────────────────────────────────────────┘
```

©2019 Rheo Gauthier

Enjoy coloring the pictures, but please do not duplicate or distribute any of the pages or images except for personal, non-commercial use.

visit www.rheog.com

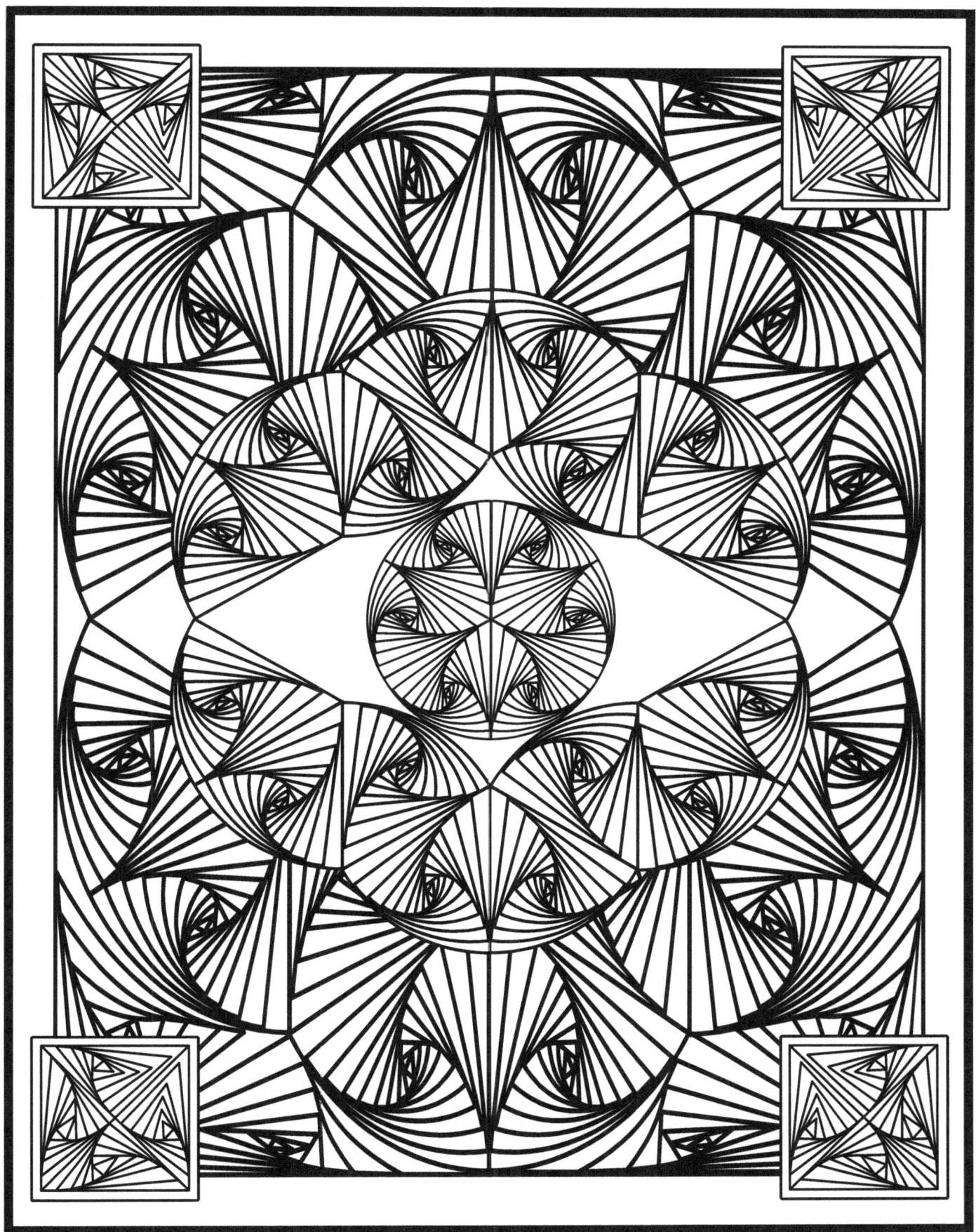

© www.rheog.com

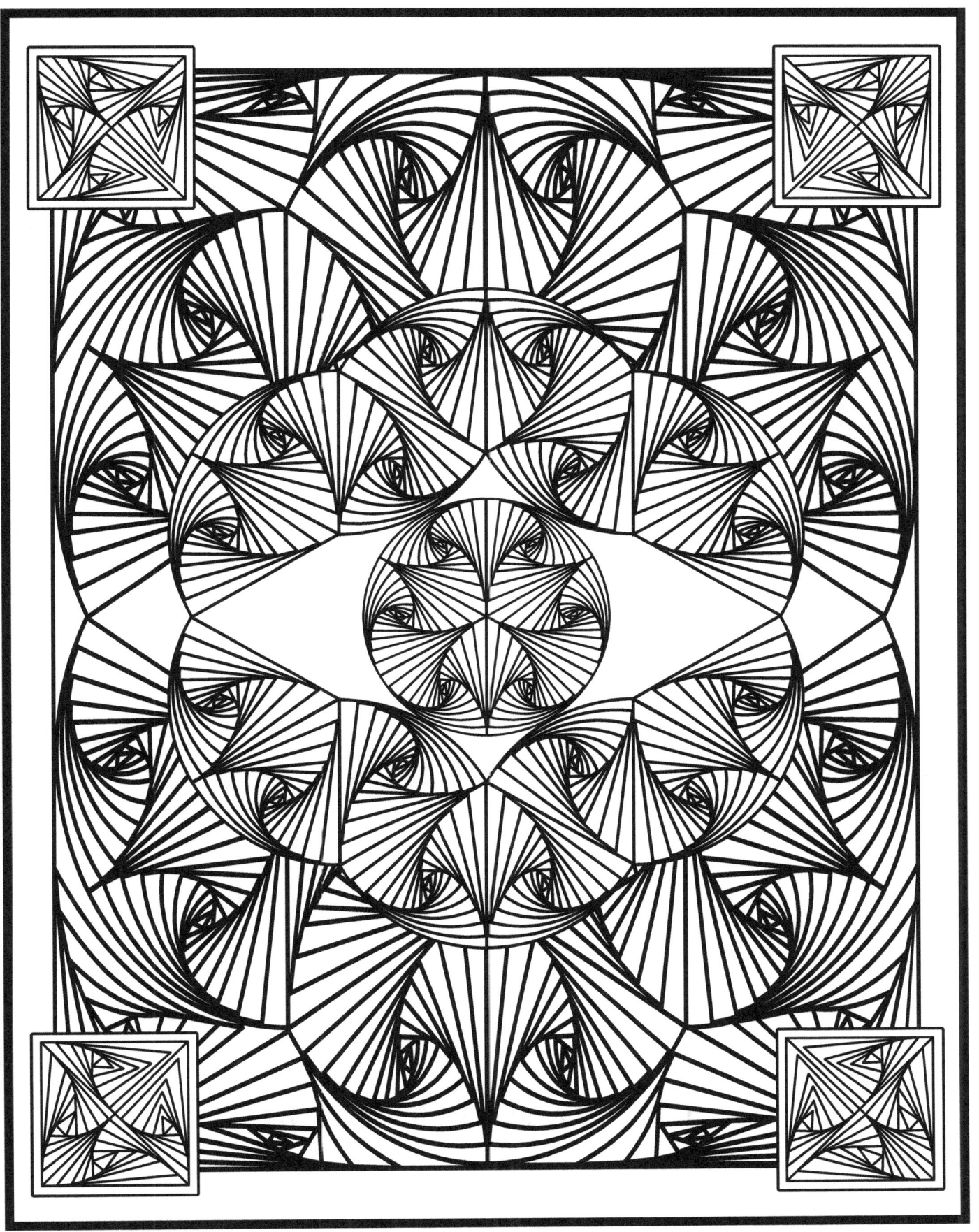

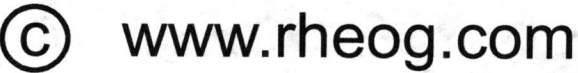

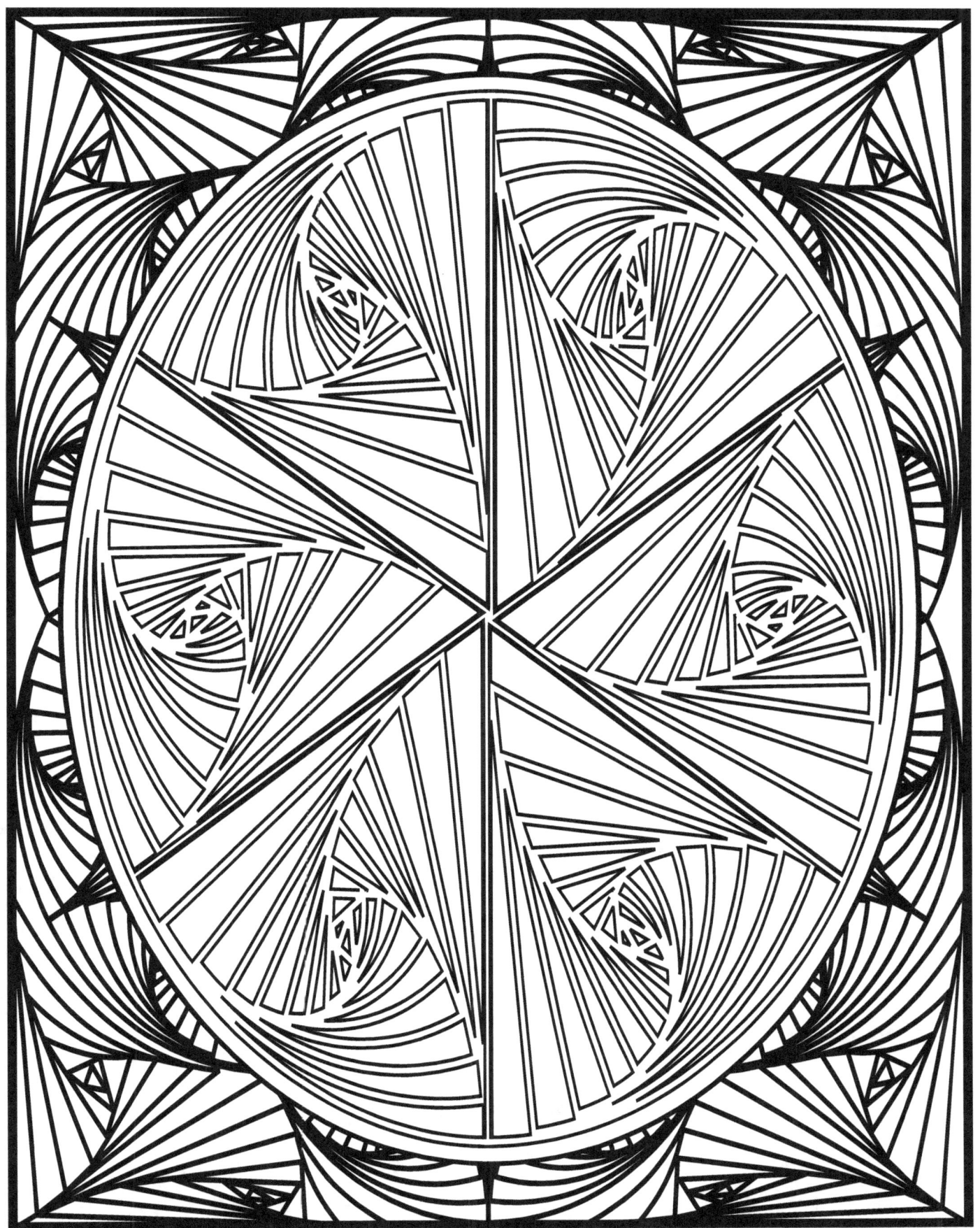

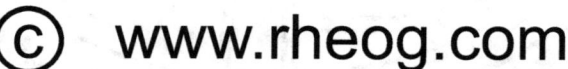

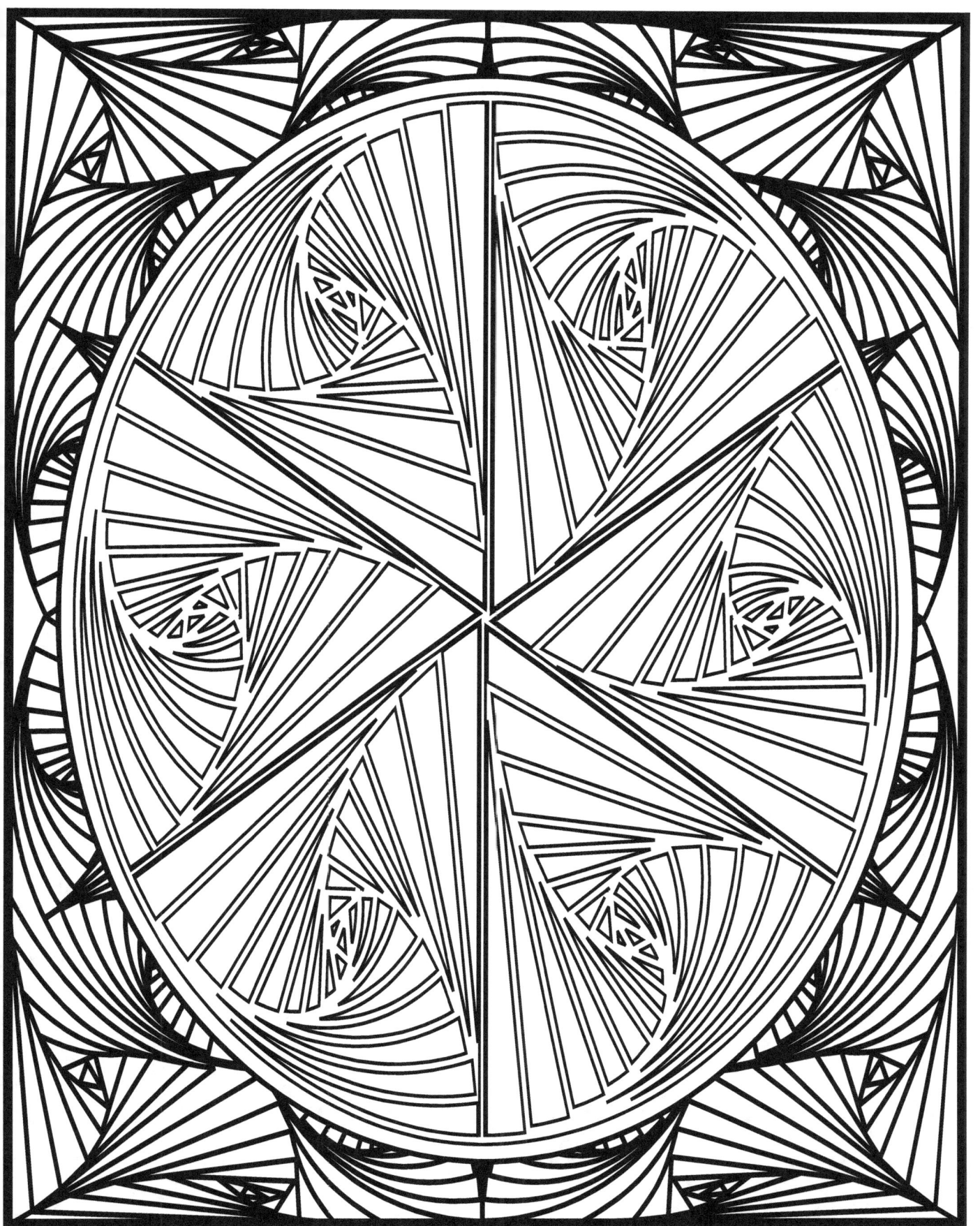

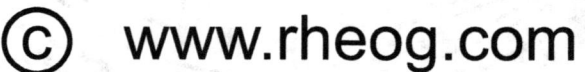

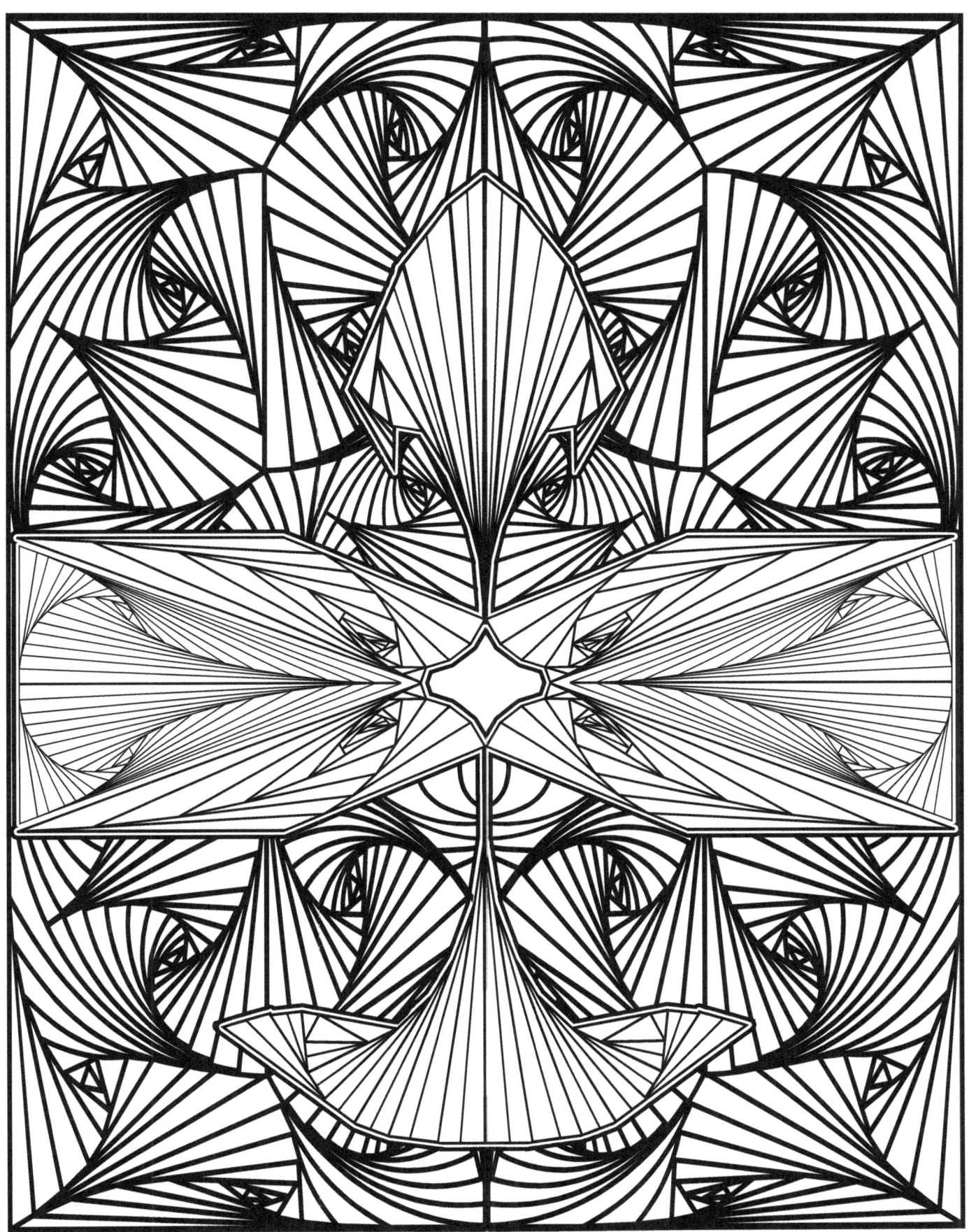

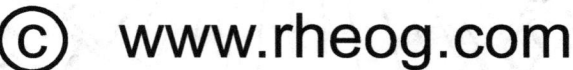

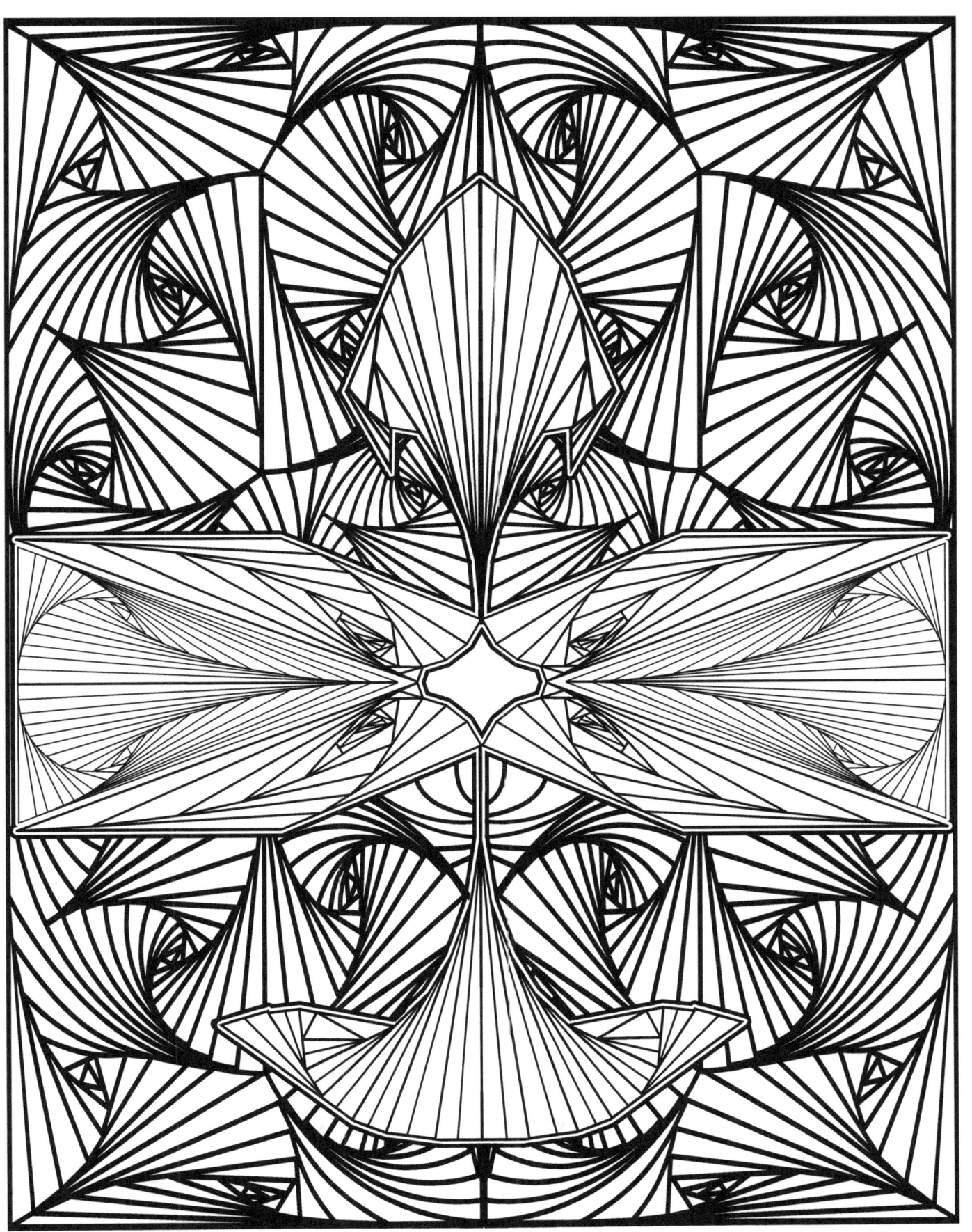

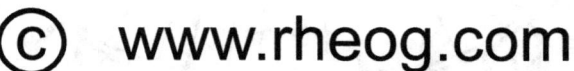

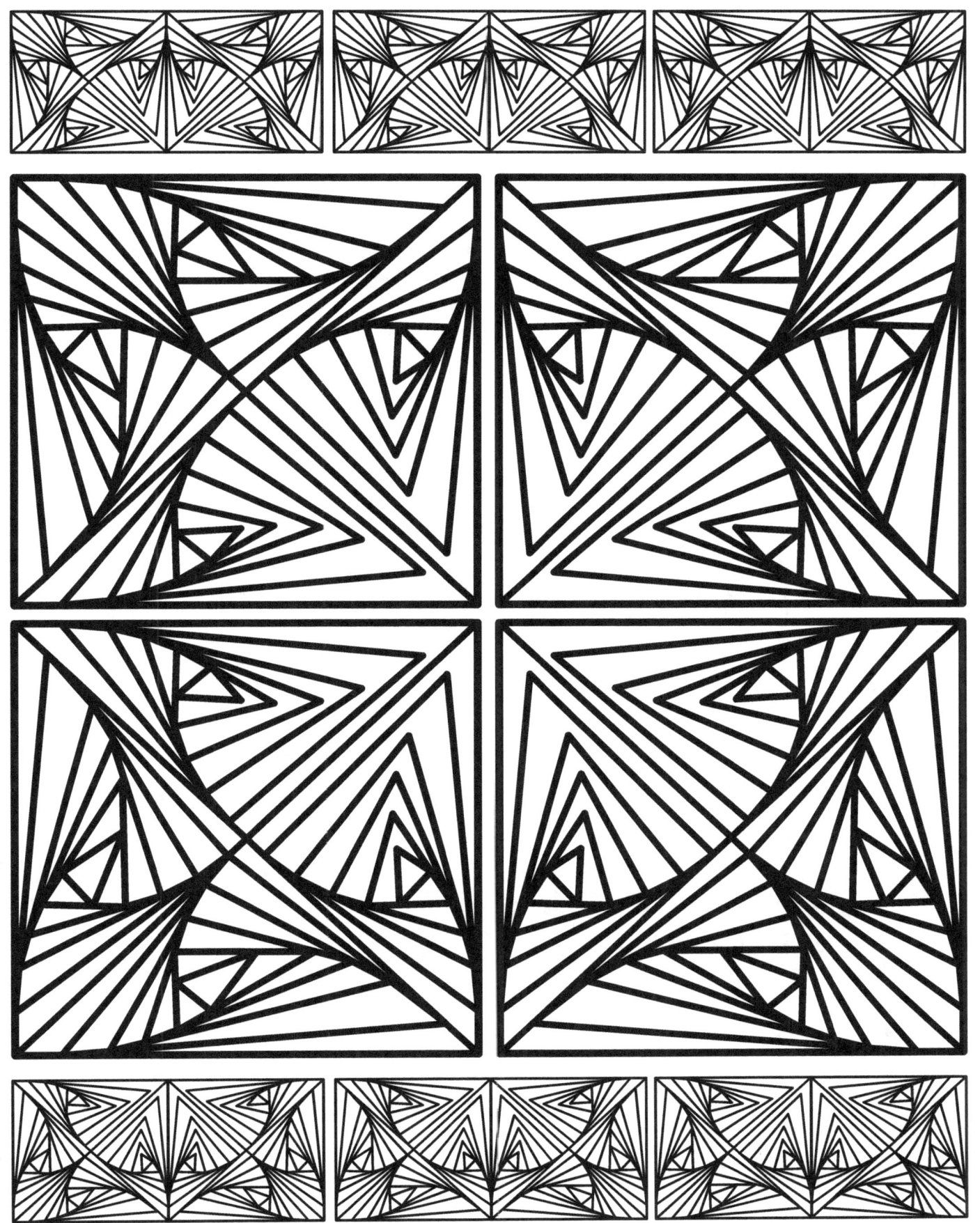

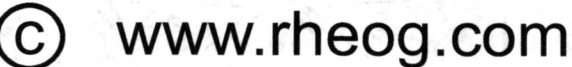

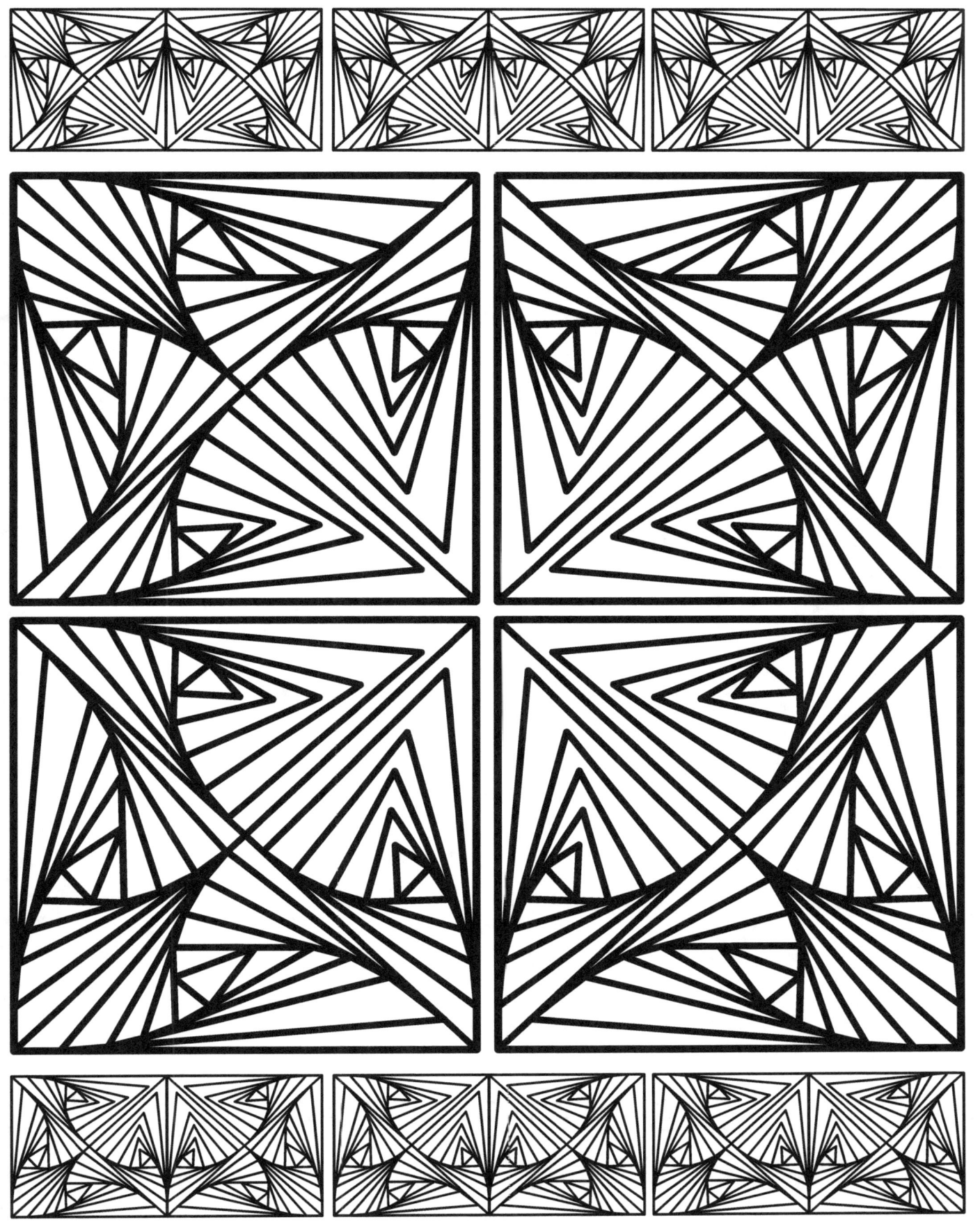

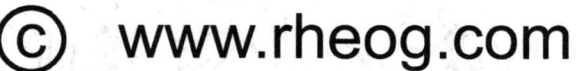

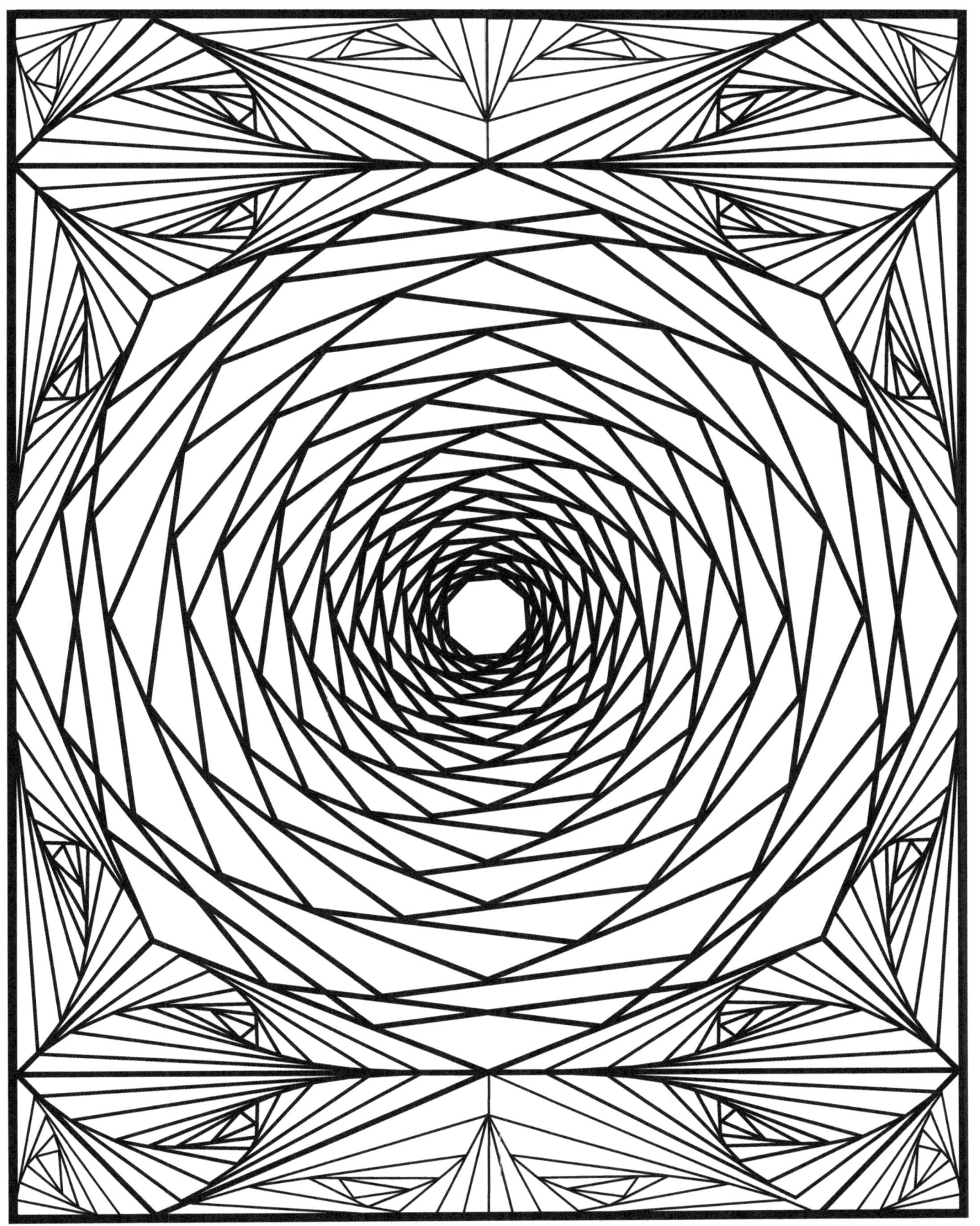

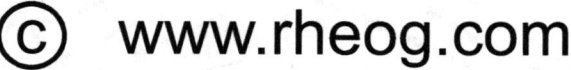

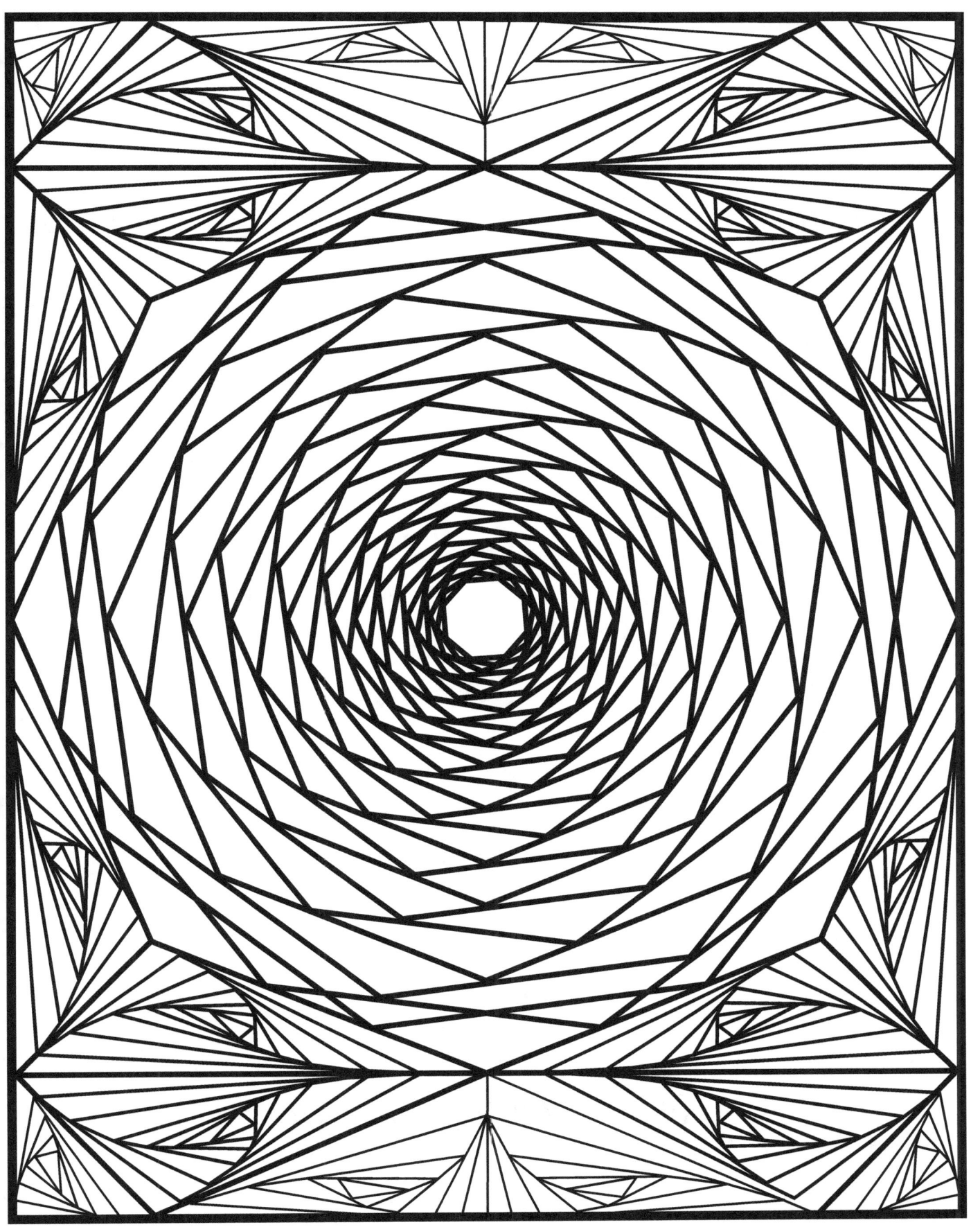

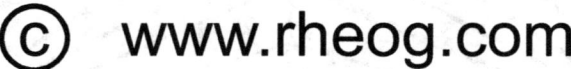

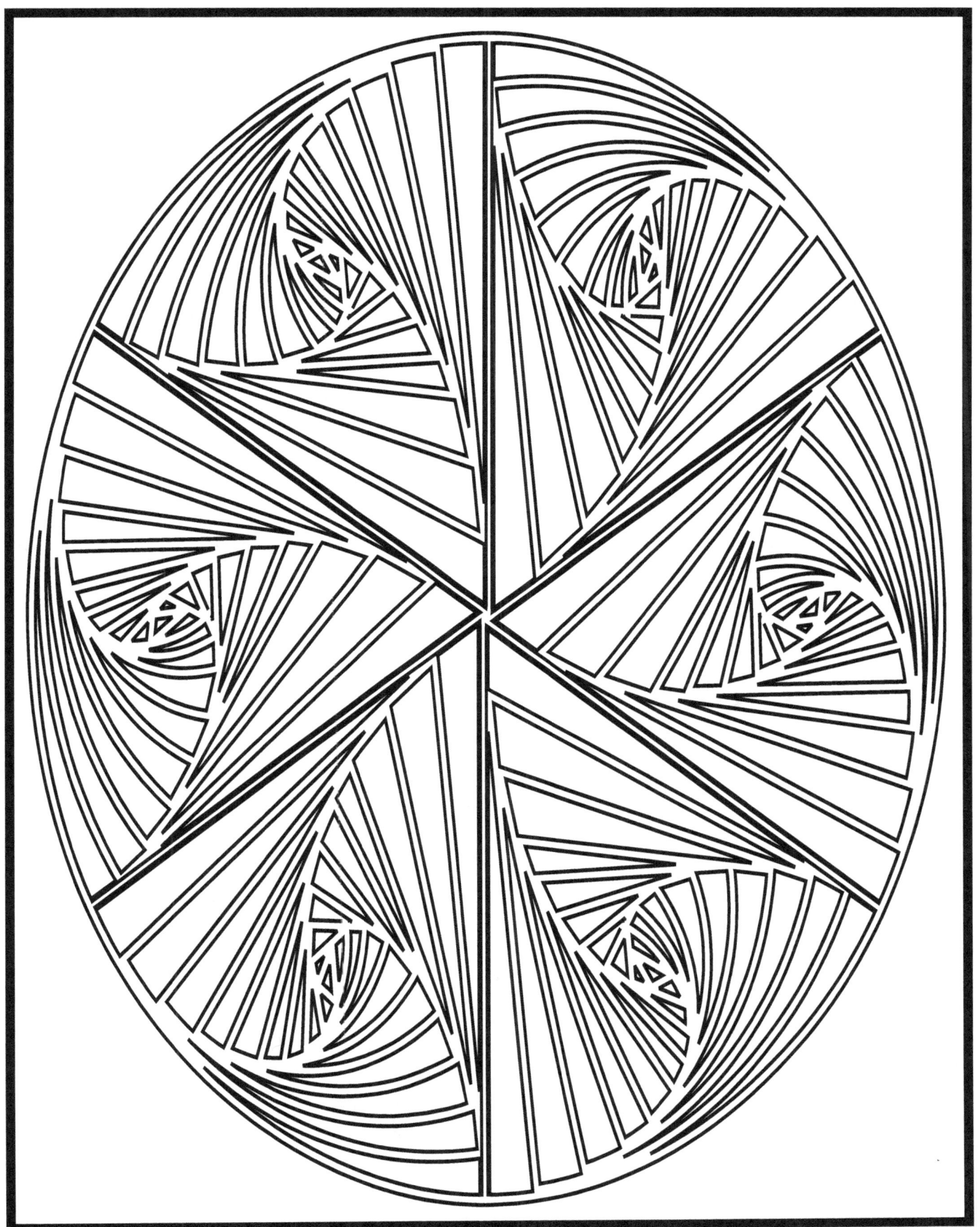

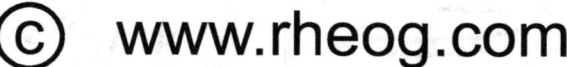

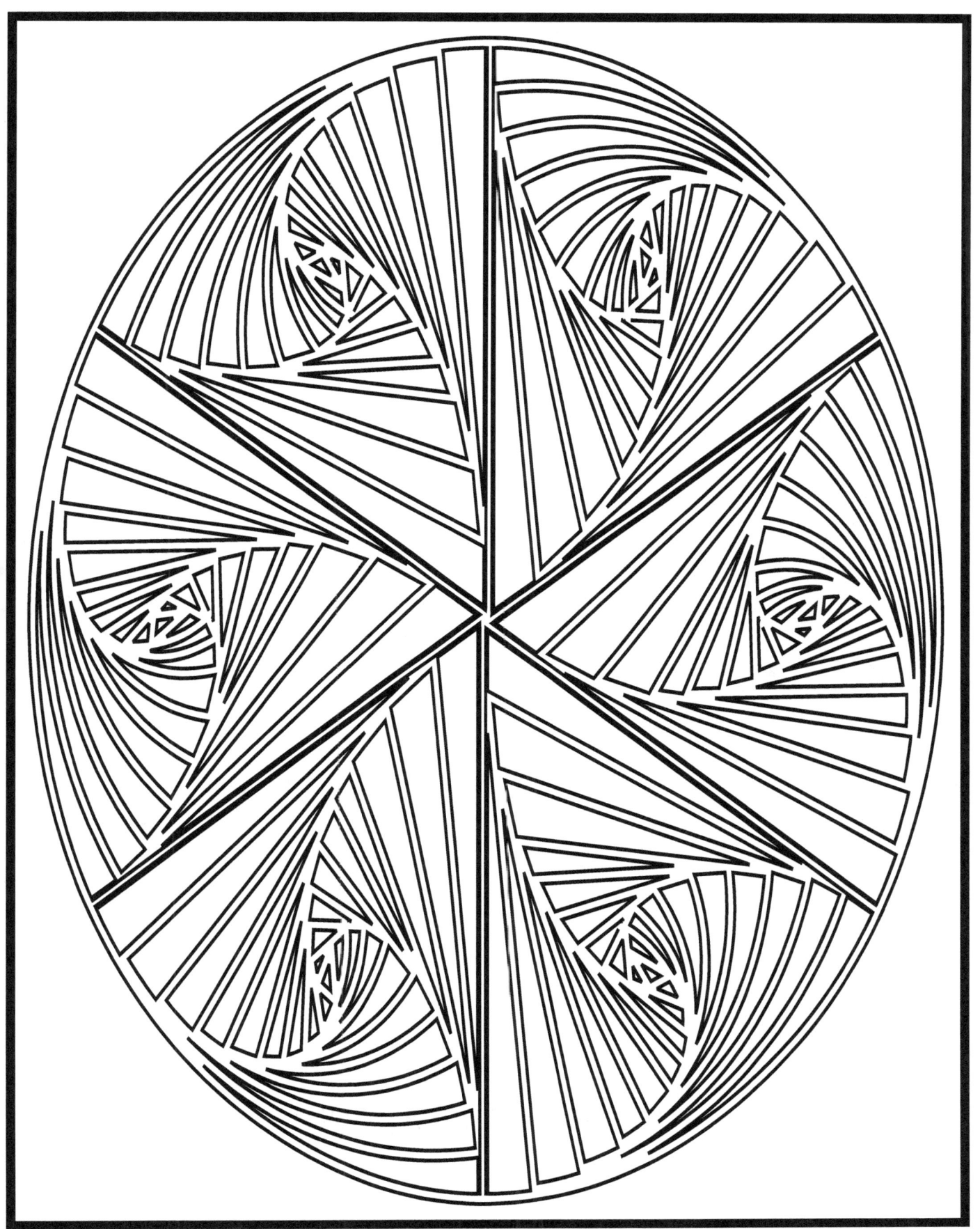

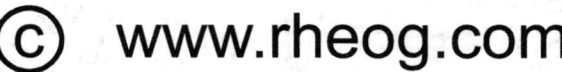

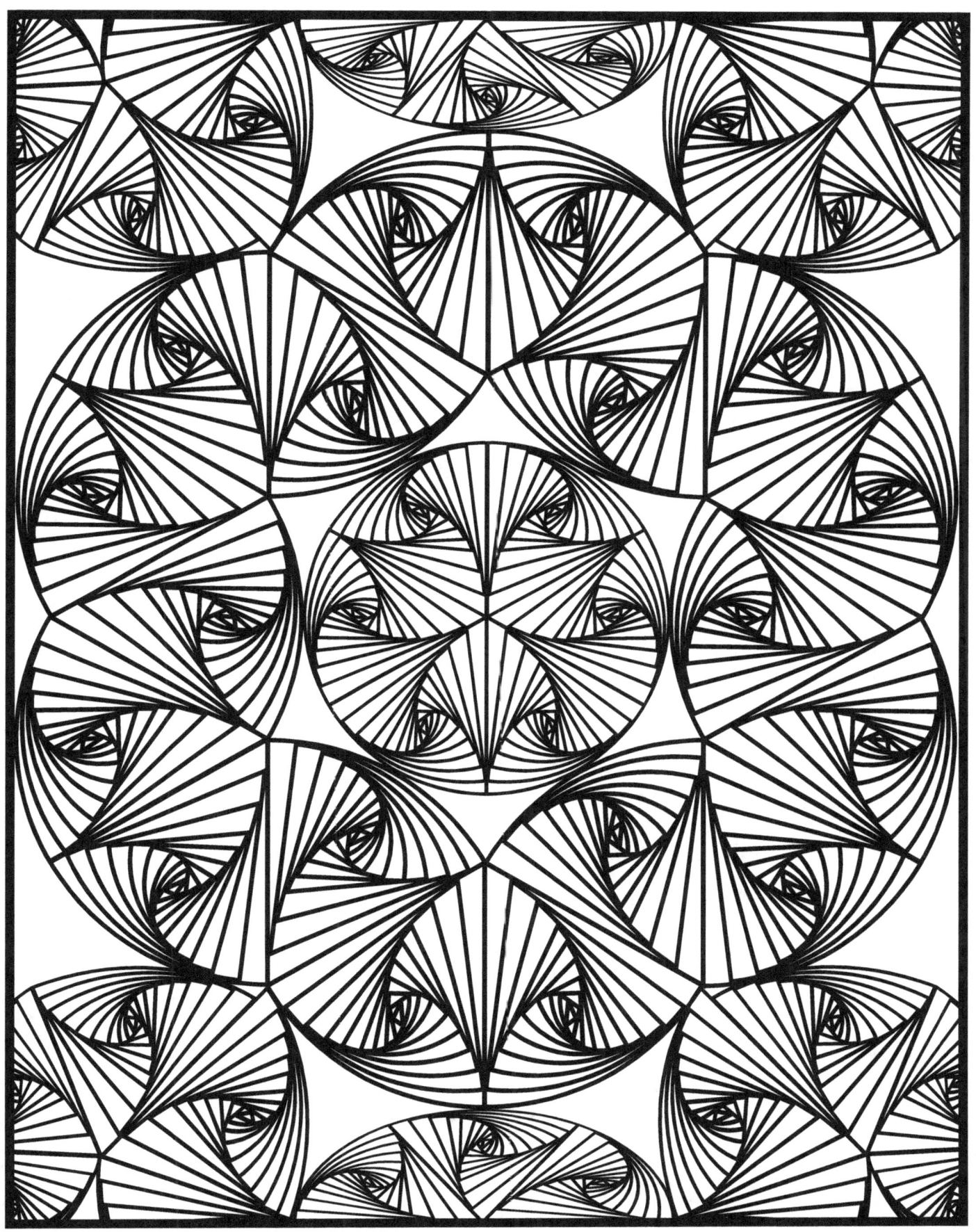

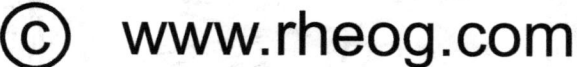

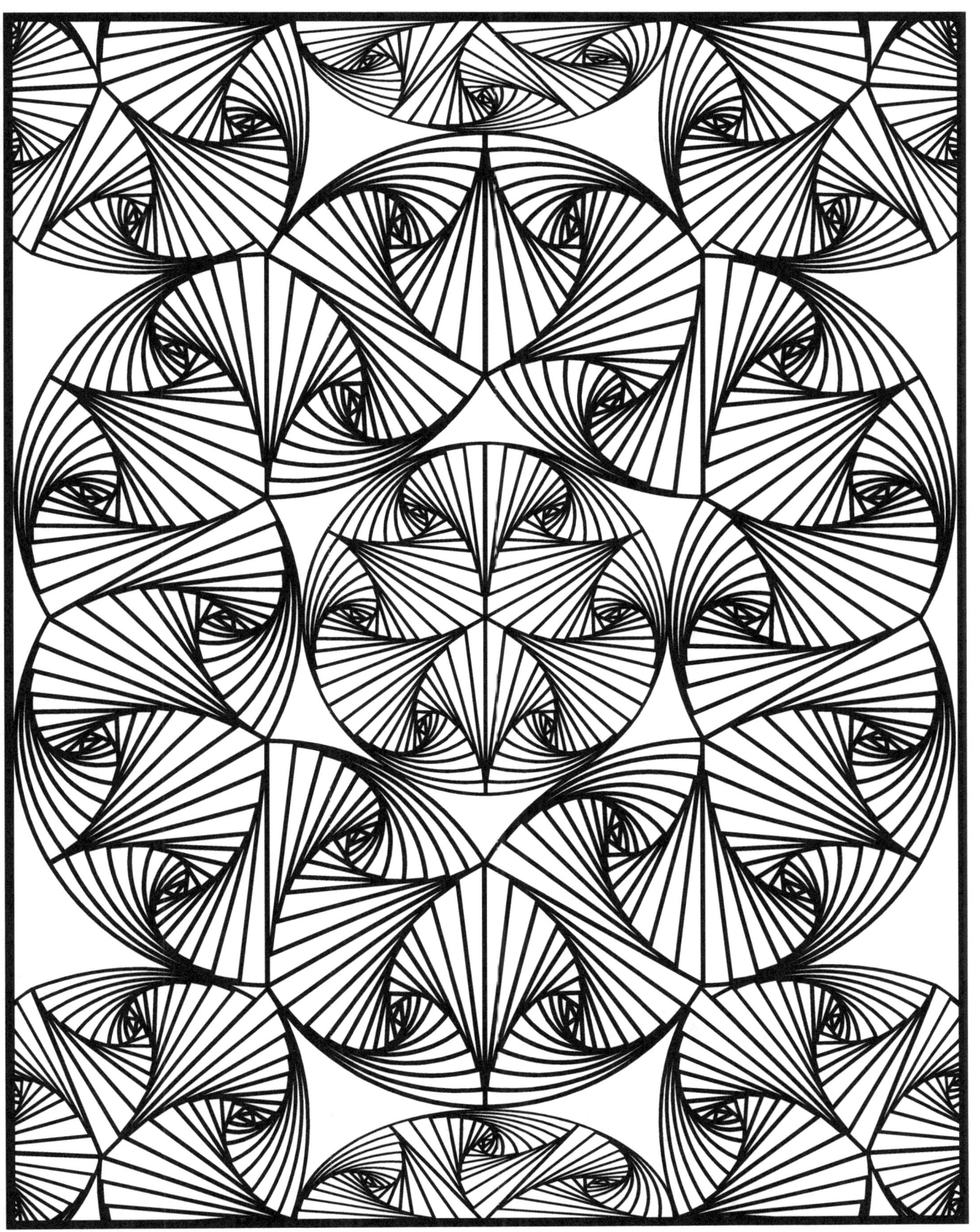

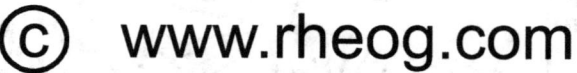

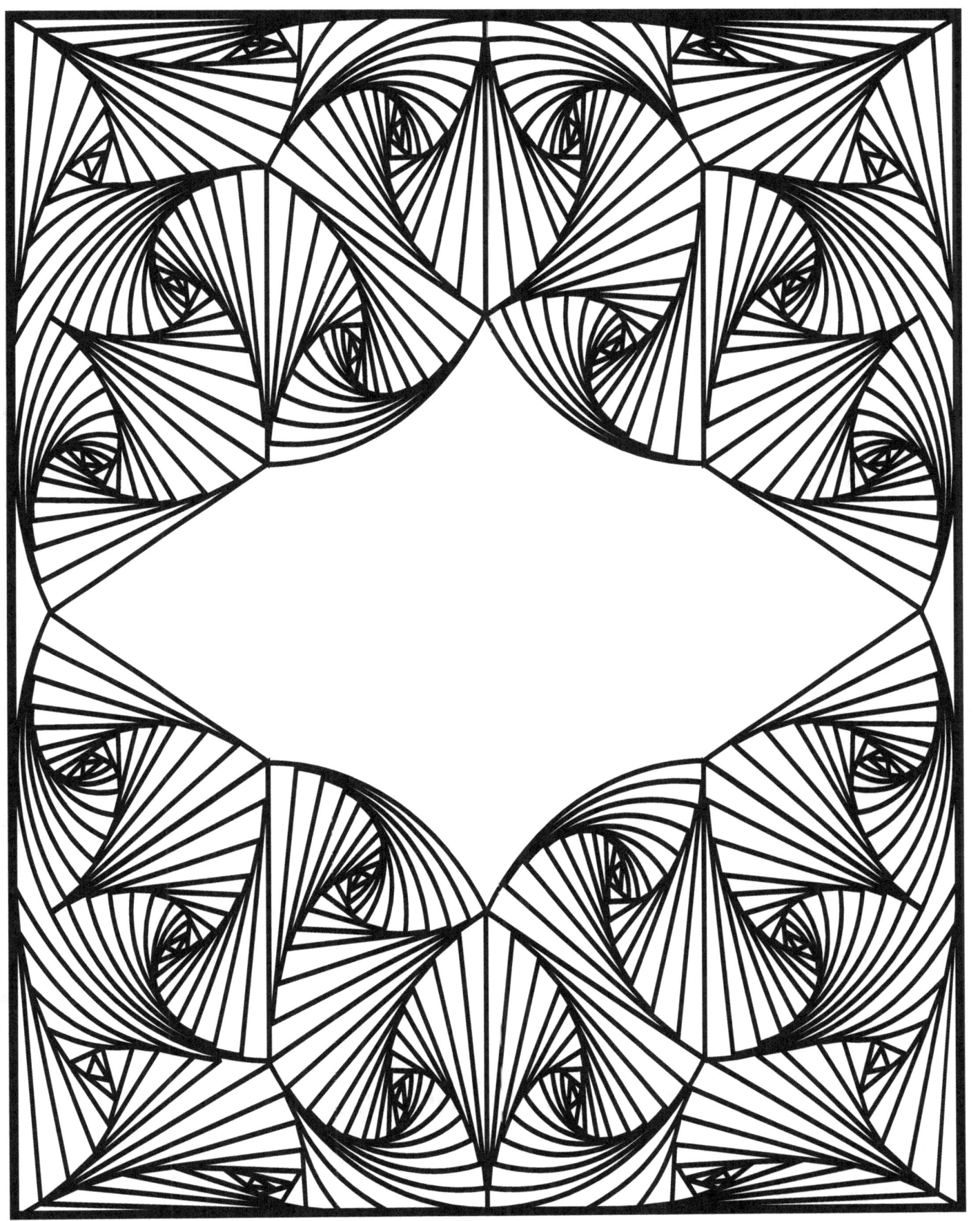

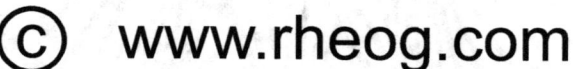

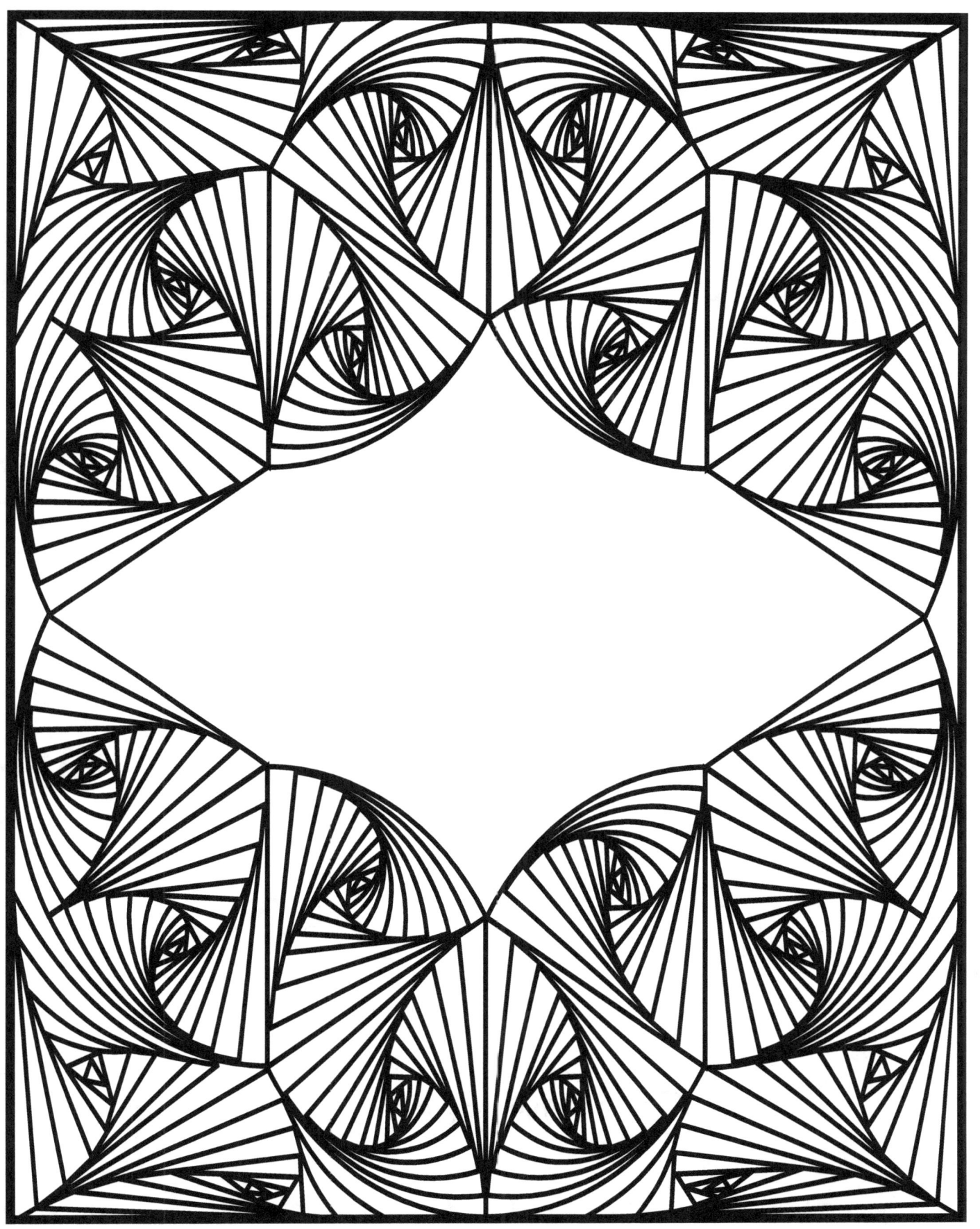

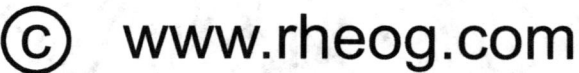

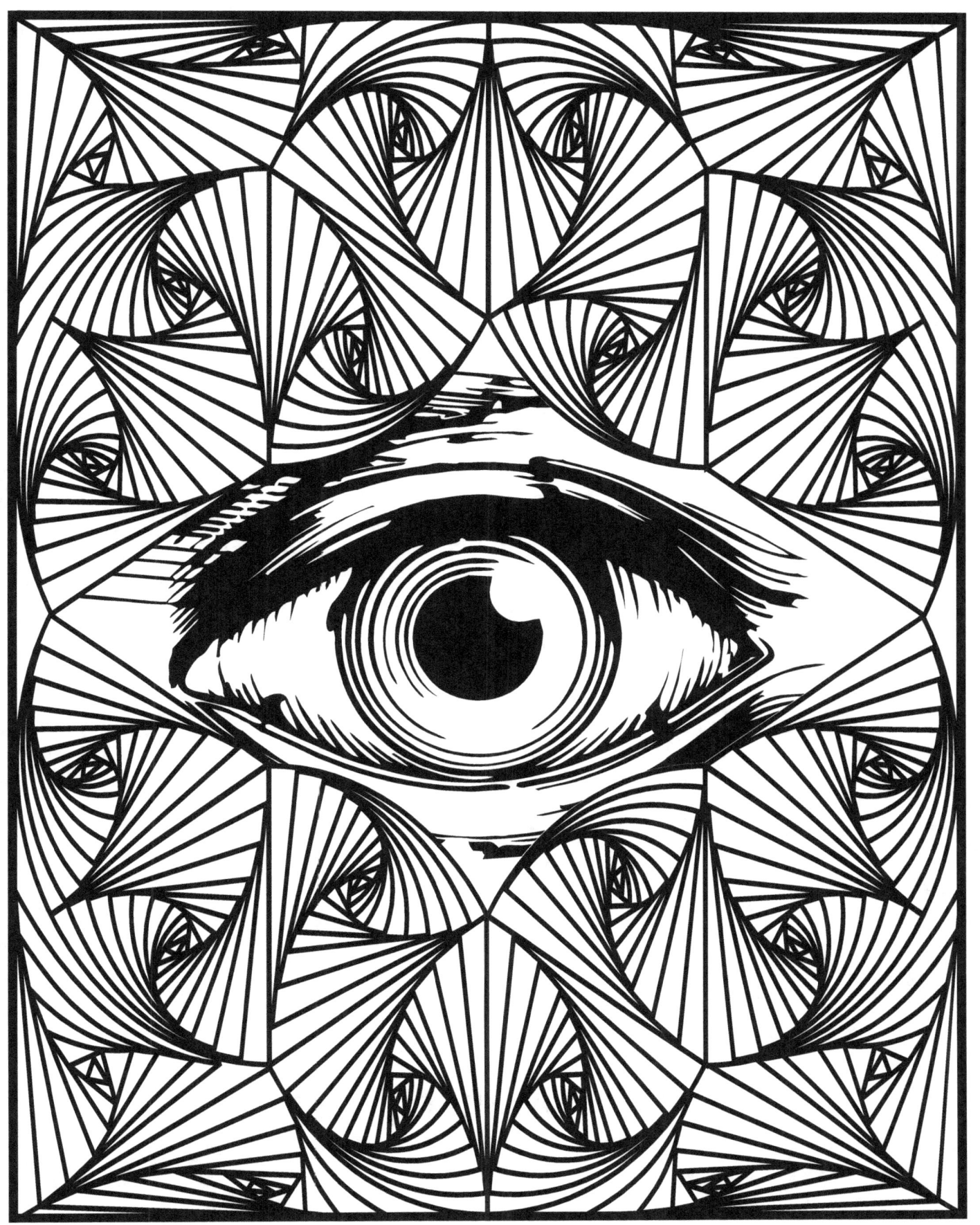

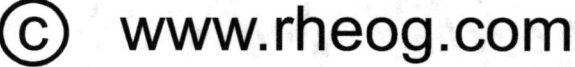

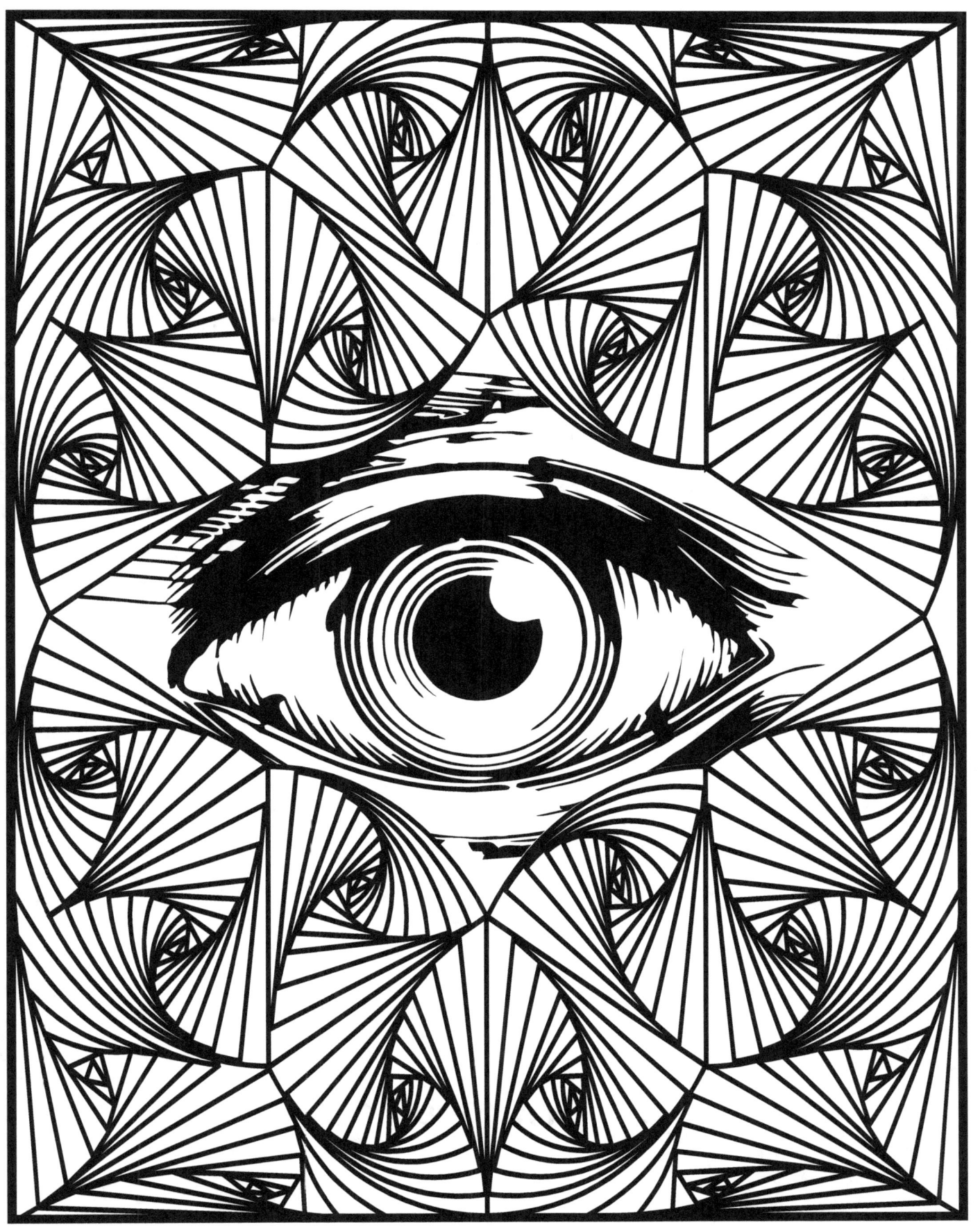

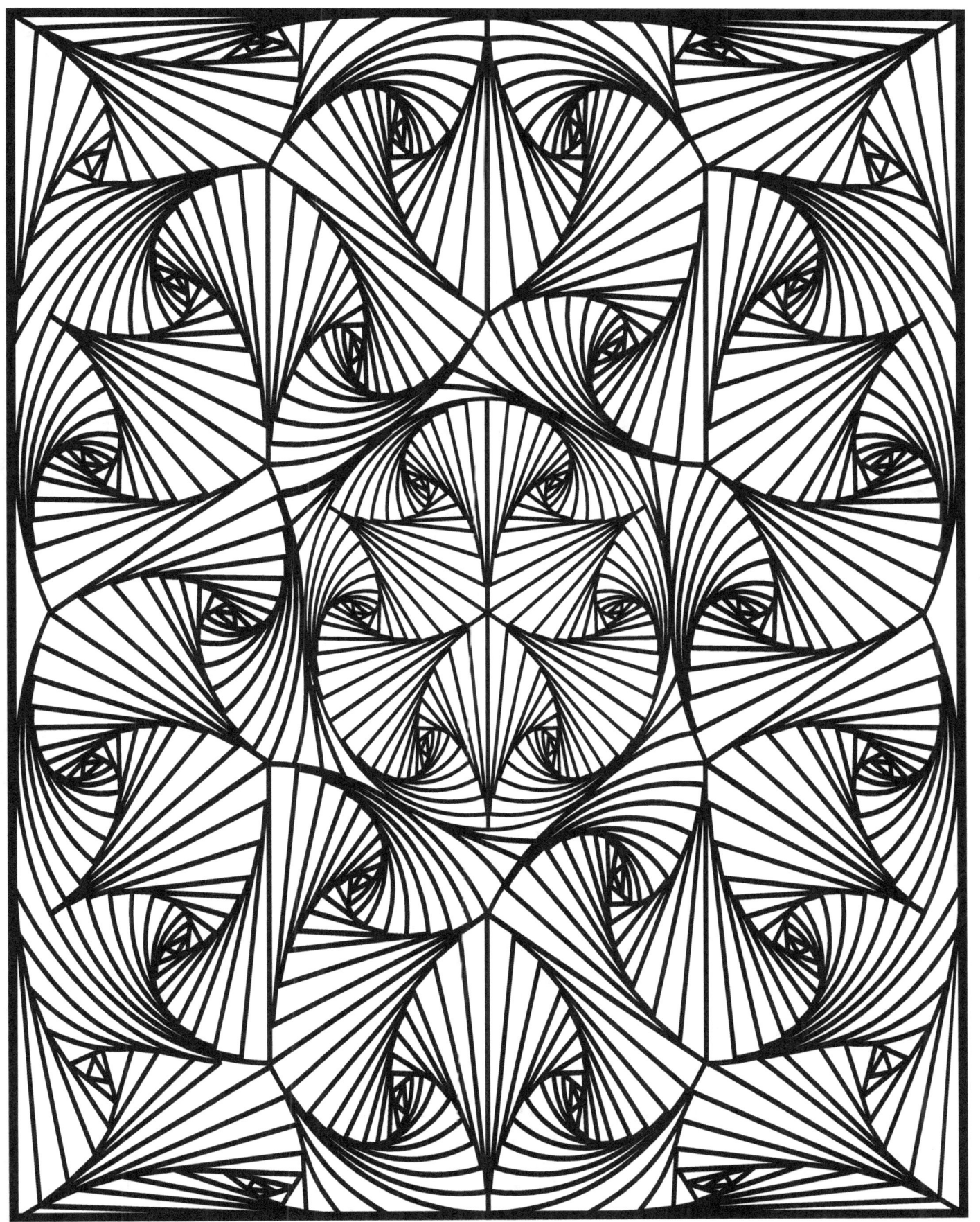

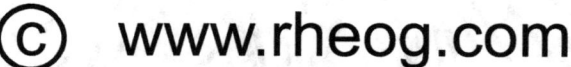

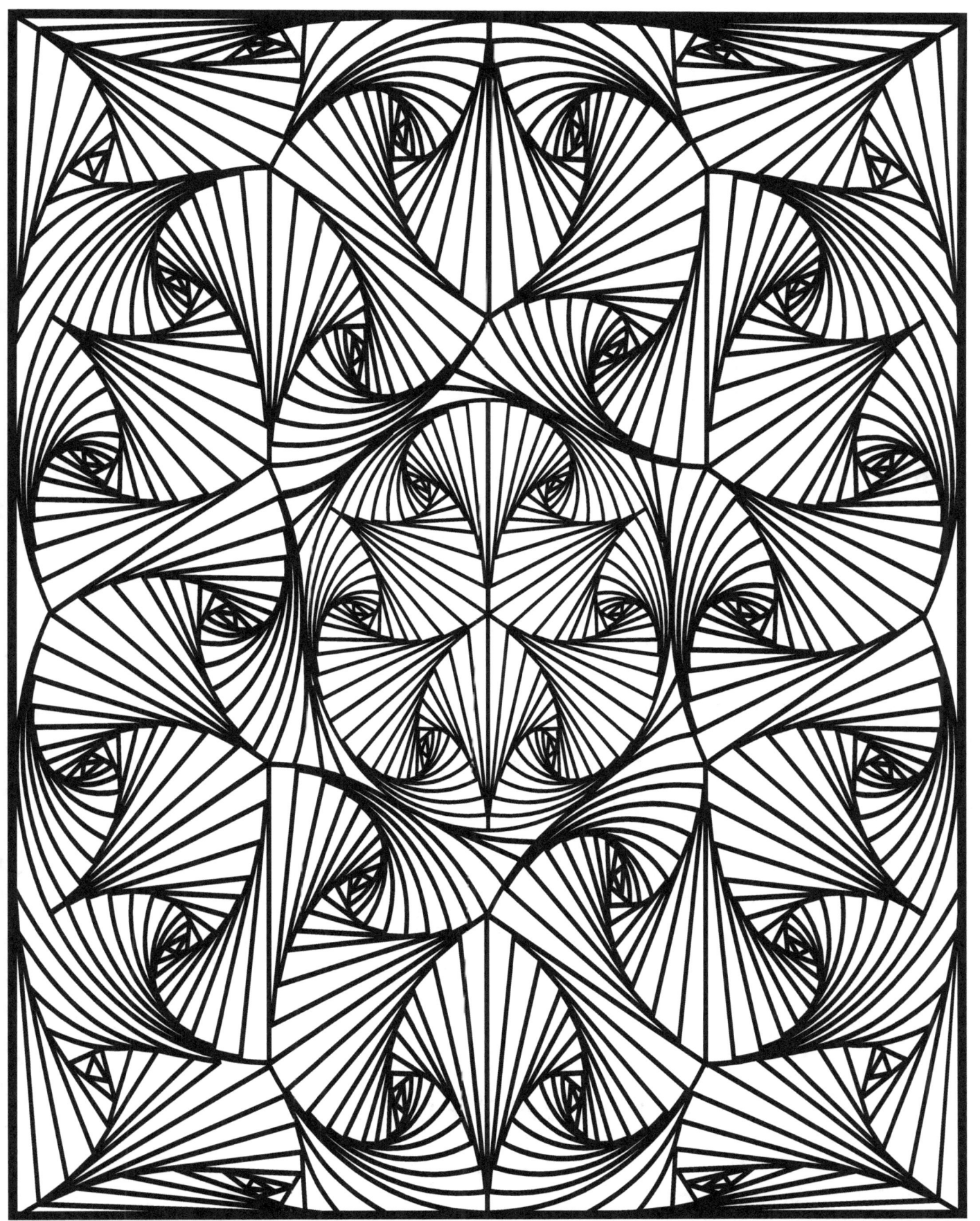

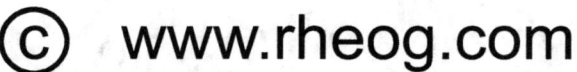

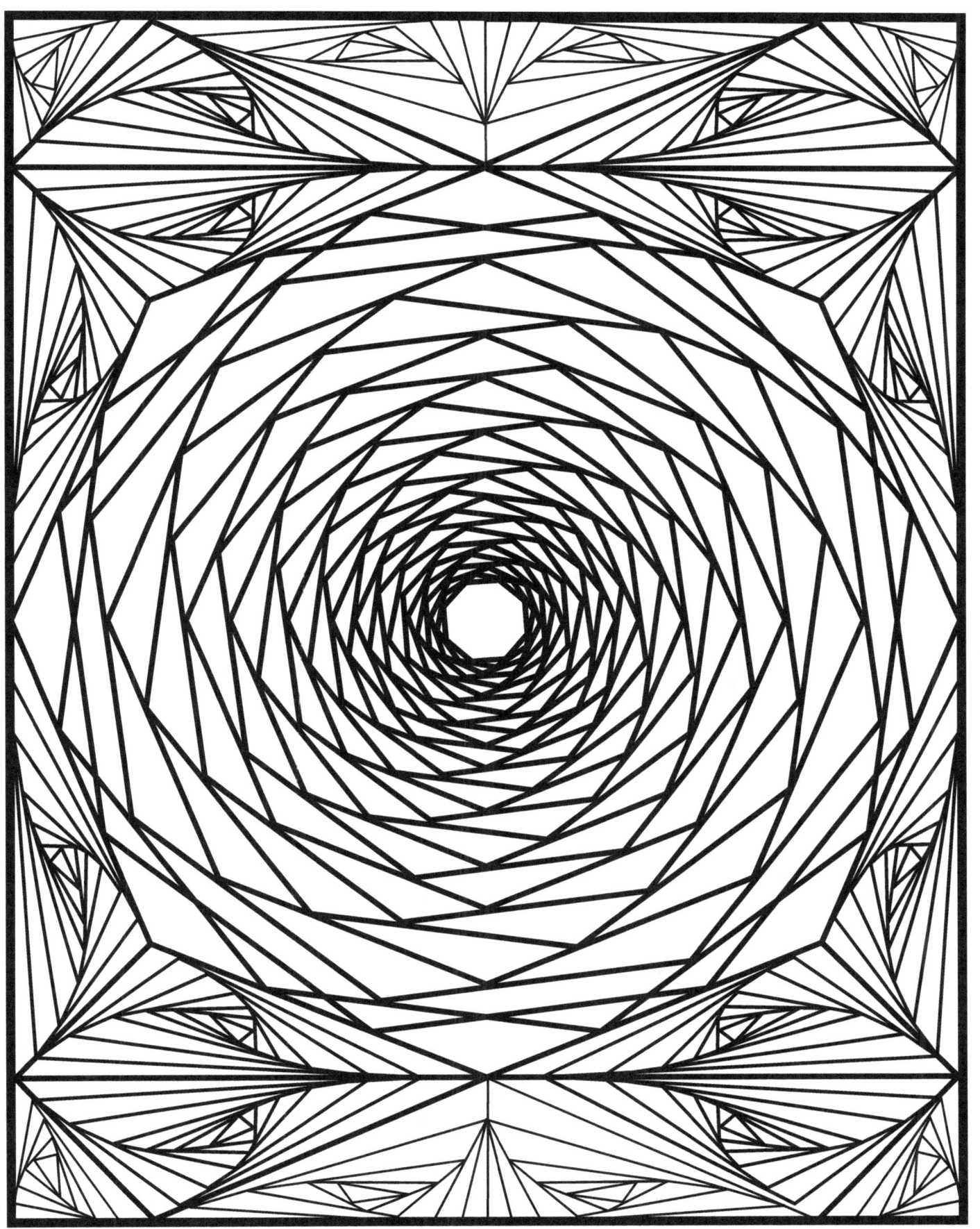

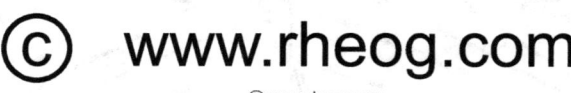

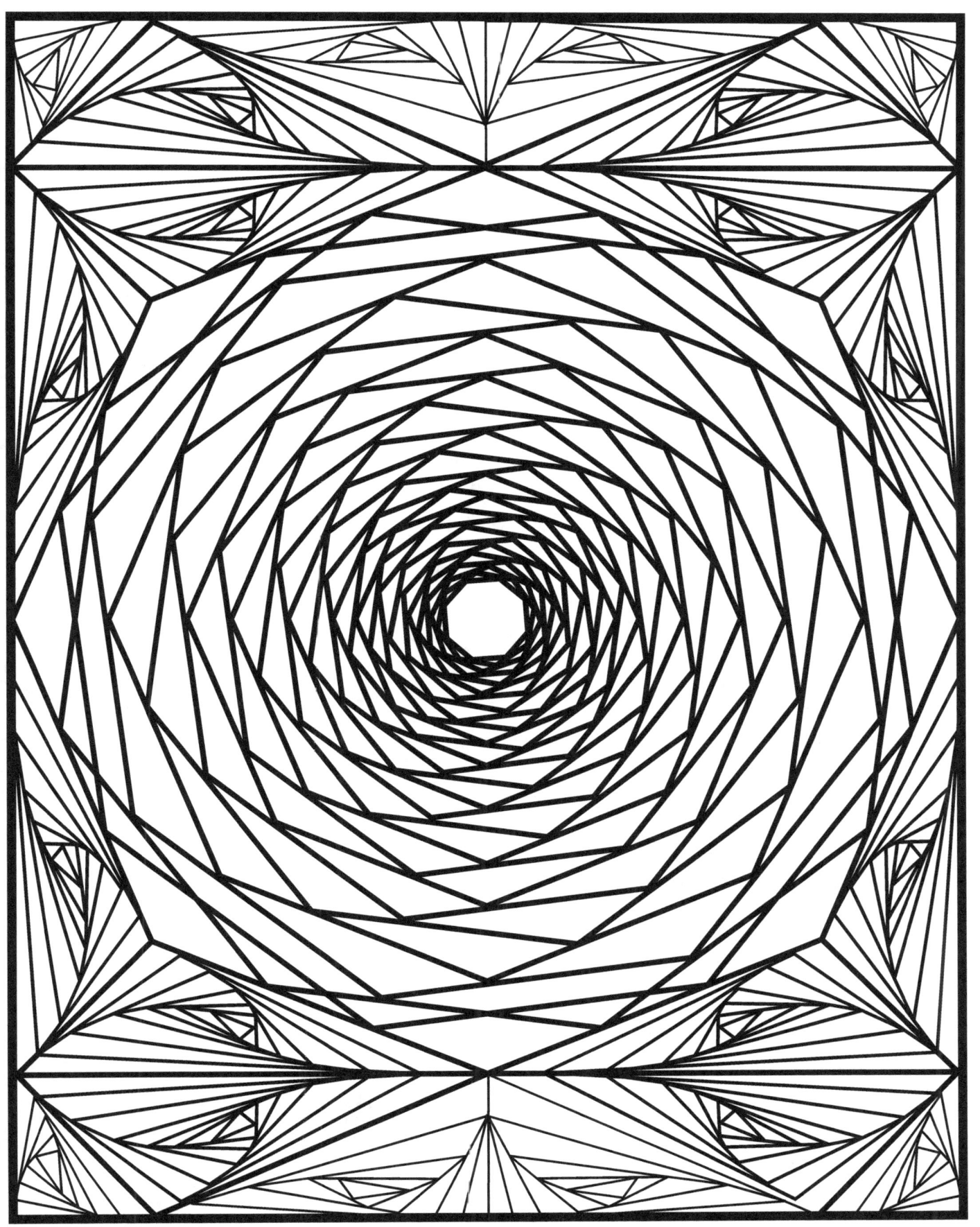

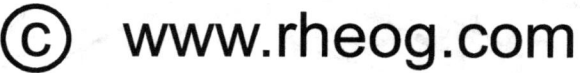

www.ingramcontent.com/pod-product-compliance
Lightning Source LLC
Chambersburg PA
CBHW080911220526
45466CB00011BA/3548